AF497925

TRAITÉ THÉORIQUE ET PRATIQUE

DES

MACHINES SOUFFLANTES

PARIS.— IMPRIMERIE E. BERNARD ET Cie, 71, RUE LA CONDAMINE.

TRAITÉ THÉORIQUE ET PRATIQUE

DES

MACHINES SOUFFLANTES

PAR

Ed. DENY

INGÉNIEUR-DIRECTEUR DE L'USINE DE MERTZWILLER

MEMBRE CORRESPONDANT DE L'ACADÉMIE DE METZ ET DE L'ACADÉMIE STANISLAS, A NANCY

ANCIEN ÉLÈVE DE L'ÉCOLE NATIONALE D'ARTS ET MÉTIERS DE CHALONS

PARIS

E. BERNARD & Cie, IMPRIMEURS-ÉDITEURS

71 — RUE LA CONDAMINE — 71

—

1887

TABLE DES PLANCHES

MACHINE SOUFFLANTE DE LA SOCIÉTÉ COCKERILL A SERAING

Pl. I.

A DÉTENTE SYSTÈME WOOLF
A ACTION DIRECTE
Type III
Échelle 1/50

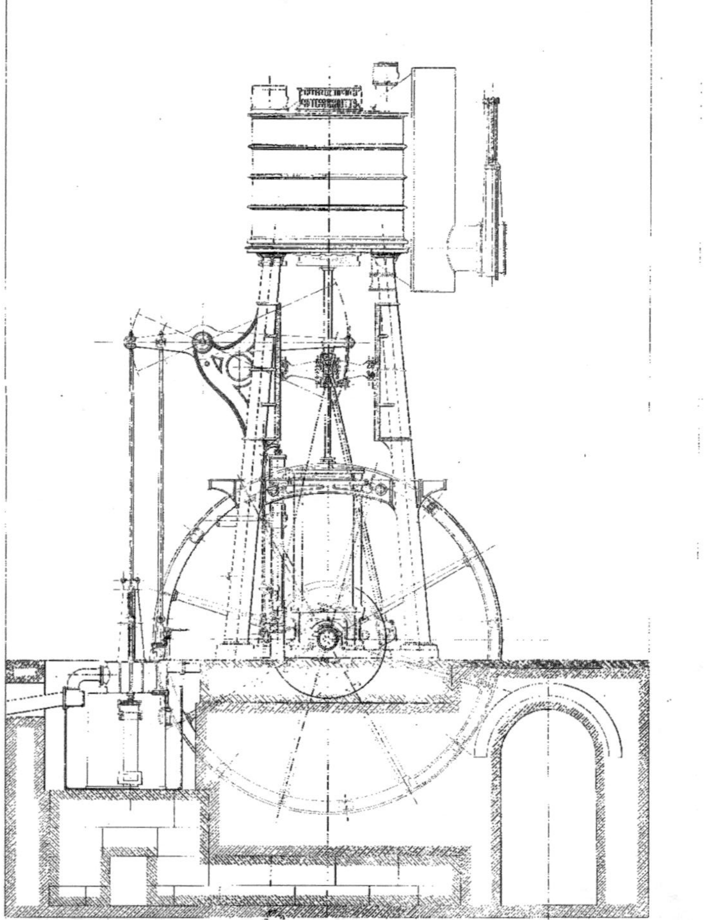

Ed. Dény

E. Bernard et Cie, Imp.-Édit.

A DÉTENTE SYSTÈME WOOLF
A ACTION DIRECTE
Type III
Échelle 1/50

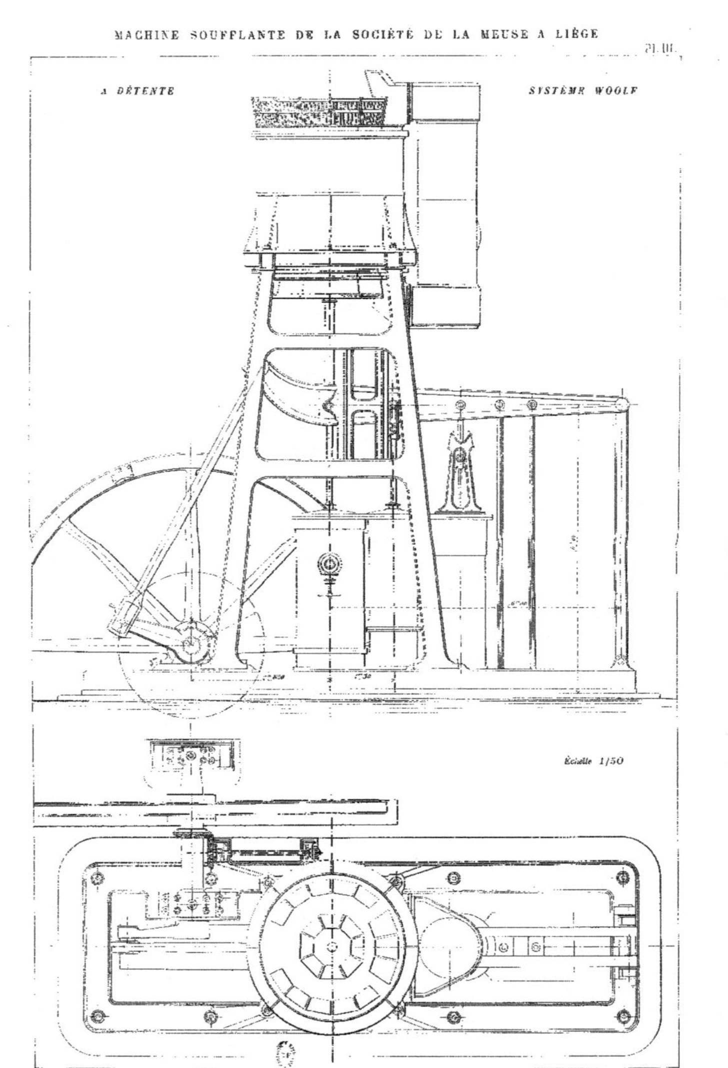

MACHINE SOUFFLANTE DE LA SOCIÉTÉ DE LA MEUSE A LIÉGE
PL. III.
A DÉTENTE
SYSTÈME WOOLF
Échelle 1/50

A DÉTENTE SYSTÈME WOOLF
Employée par
MM. de Saintignon et Cie, à Longwy
et la Société des Hauts-Fourneaux d'Athus.
Échelle 1/50.

Manivelle   r = 1m,50
Cylindre soufflant.   Diam. = 3 mètres
Grand cylindre à vapeur. Diam. = 1m,20
Course du piston à vent   = 2m,45
Course du grand piston à vapeur = 2m,45
Petit cylindre à vapeur.   Diam. = 0m,85
Course du petit piston à vapeur = 1m,92
Pompe à air.   Diam. = 0m,75
                                          Course = 1m,86
Pompe de condensation.   Diam. = 0m,12
                                          Course = 0m,03
Pompe de tuyères.   Diam. = 0m,42
                                          Course = 0m,055

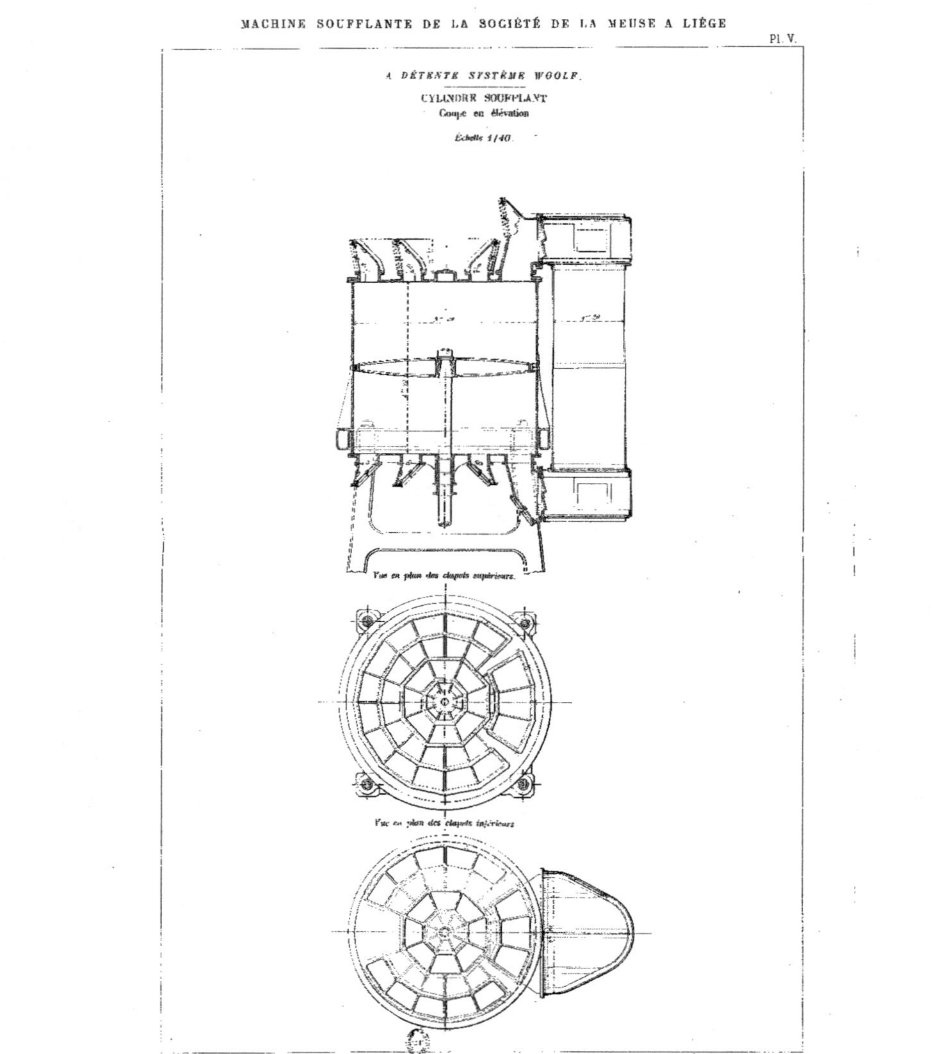

A DÉTENTE SYSTÈME WOOLF.

CYLINDRE SOUFFLANT
Coupe en élévation

Échelle 1/40.

Vue en plan des clapets supérieurs.

Vue en plan des clapets inférieurs

MACHINE SOUFFLANTE BESSEMER DES ATELIERS DE BAYENTHAL

Pl. VI

SYSTÈME COMPOUND

Employée aux Aciéries de Longwy

Échelle 1/50.

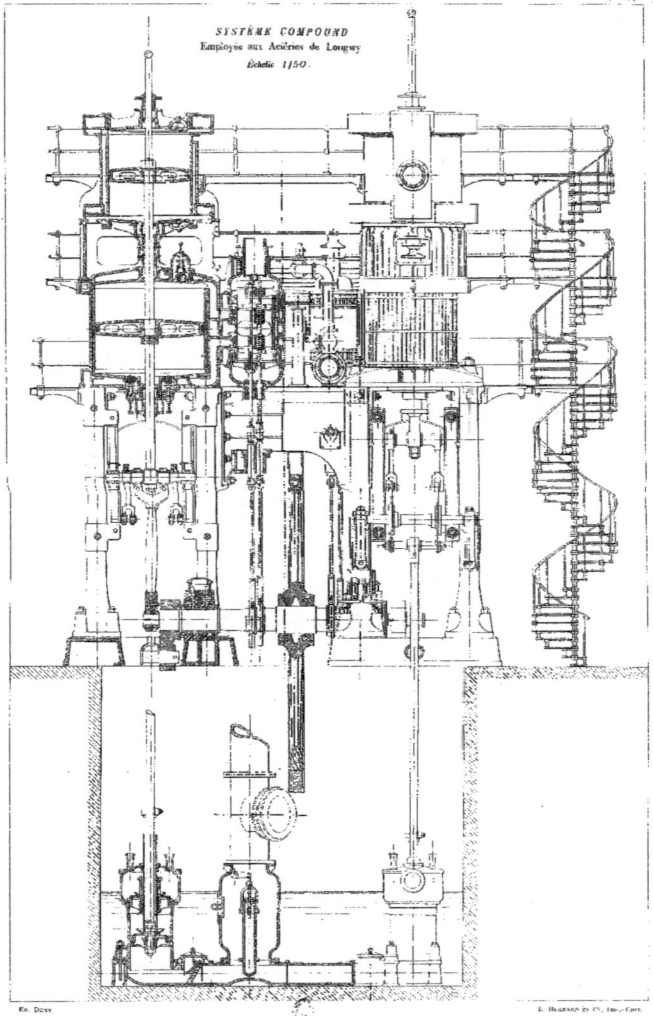

Ed. Dury

E. Bernard et Cie, Imp.-Édit.

MACHINE SOUFFLANTE BESSEMER DES ATELIERS DE BAYENTHAL

Pl. VII.

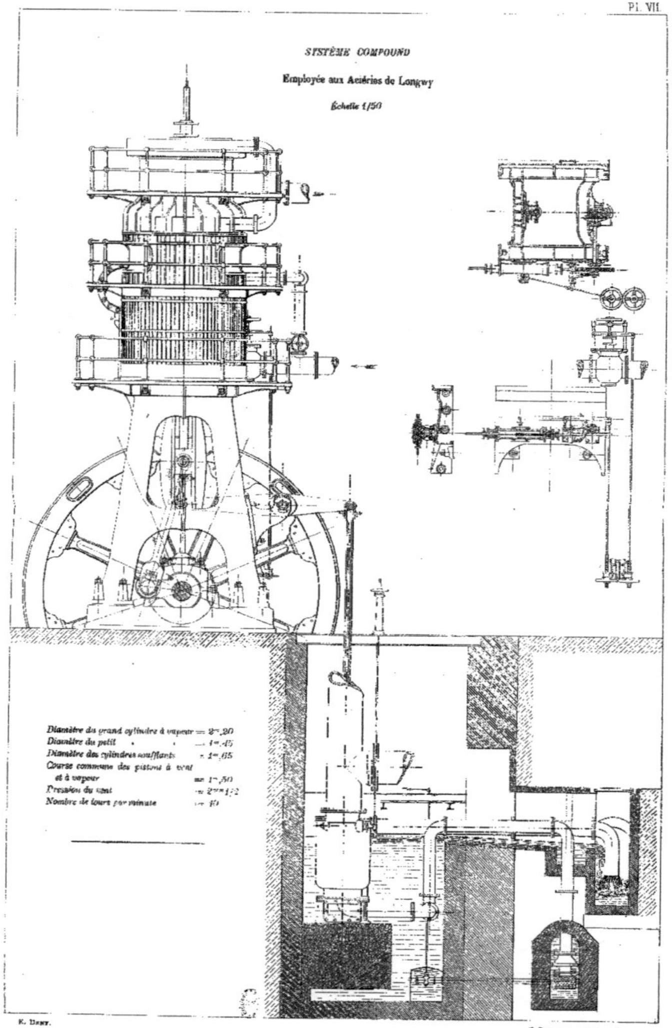
SYSTÈME COMPOUND
Employée aux Aciéries de Longwy
Échelle 1/50
Diamètre du grand cylindre à vapeur = 2m,20
Diamètre du petil = 1m,45
Diamètre des cylindres soufflants = 1m,65
Course commune des pistons à vent et à vapeur = 1m,50
Pression du vent = 2atm 1/2
Nombre de tours par minute = 40

E. Dest.

E. Bernard et Cie, Imp.-Édit.

MACHINE SOUFFLANTE JUMELLE BESSEMER DES ATLIERS DE BAYENTHAL

A DÉTENTE VARIABLE

Employée aux Forges de Dudelange

Échelle 1/50

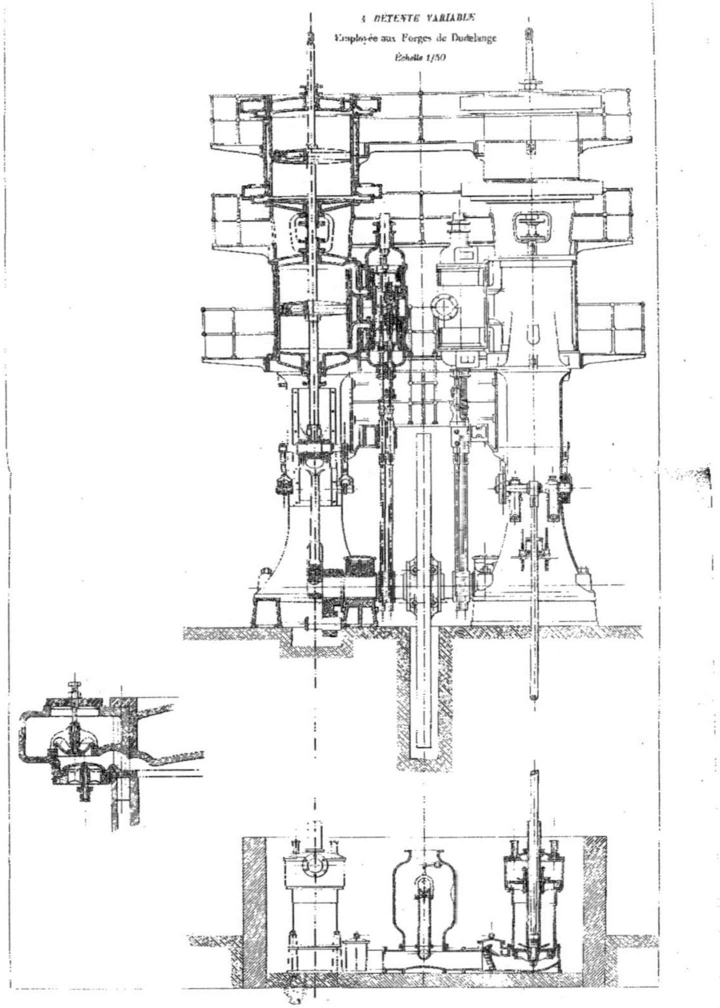

MACHINE SOUFFLANTE JUMELLE BESSEMER des ATLIERS DE BAYENTHAL
Pl. IX
A DÉTENTE VARIABLE par TIROIRS, SYSTEME MEYER
Employée aux Forges de Dudelange
Ech. de 1/50 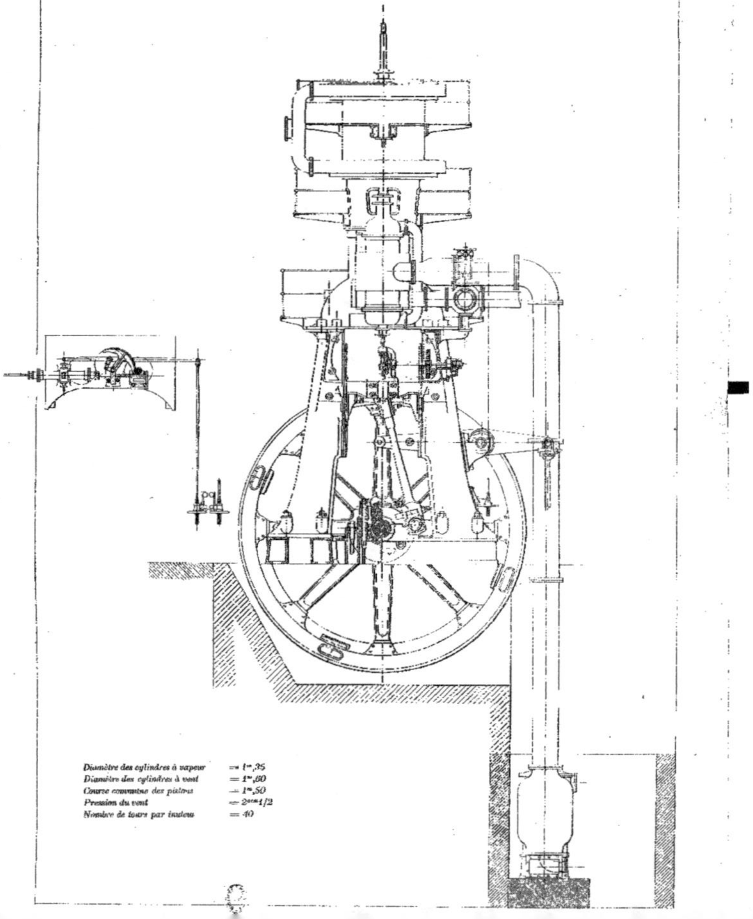
Diamètre des cylindres à vapeur   = 1m,35
Diamètre des cylindres à vent   = 1m,60
Course commune des pistons   = 1m,50
Pression du vent   = 2cm,1/2
Nombre de tours par minute   = 40

Échelle 1/30

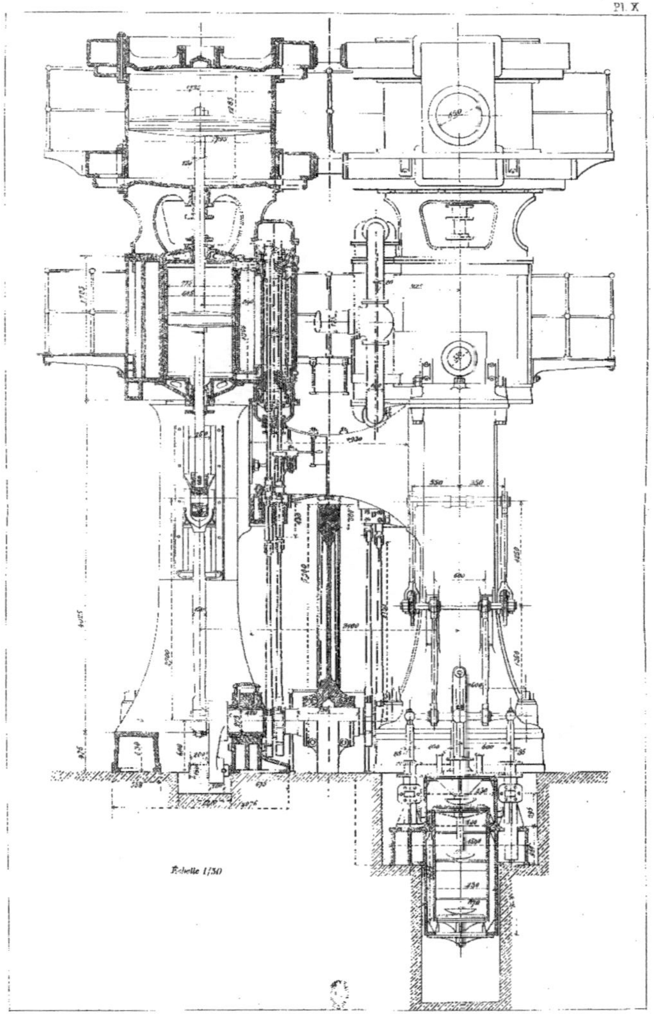

MACHINE SOUFFLANTE COMPOUND CONSTRUITE A BAYENTHAL

Échelle 1/40

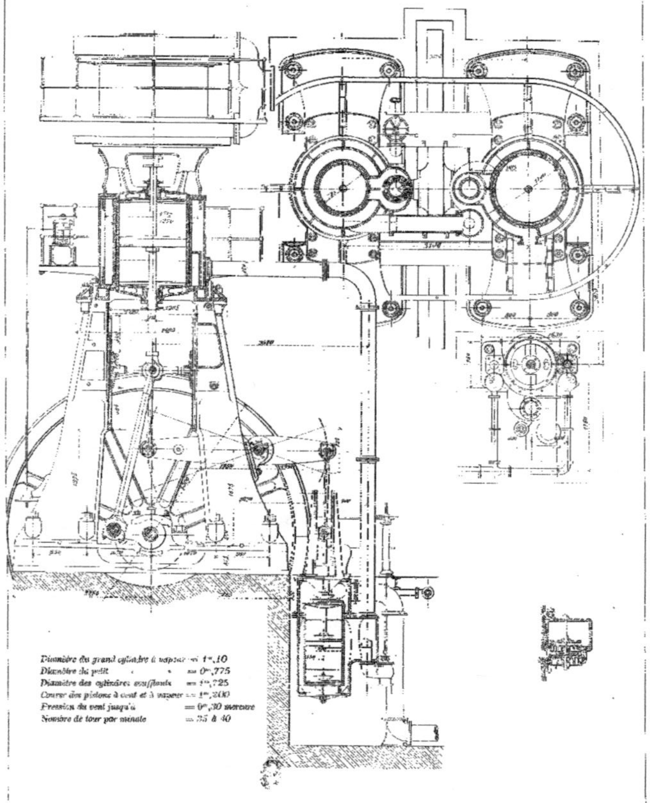

Diamètre du grand cylindre à vapeur	= 1m,10
Diamètre du petit » »	= 0m,775
Diamètre des cylindres soufflants	= 1m,725
Course des pistons à vent et à vapeur	= 1m,200
Pression du vent jusqu'à	= 0m,30 mercure
Nombre de tour par minute	= 35 à 40

E. Dény — E. Bernard et Cie, Imp.-Edit.

MACHINE SOUFFLANTE COMPOUND DE LA SOCIÉTÉ DES ANCIENS ÉTABLISSEMENTS CAIL

Pl. XII

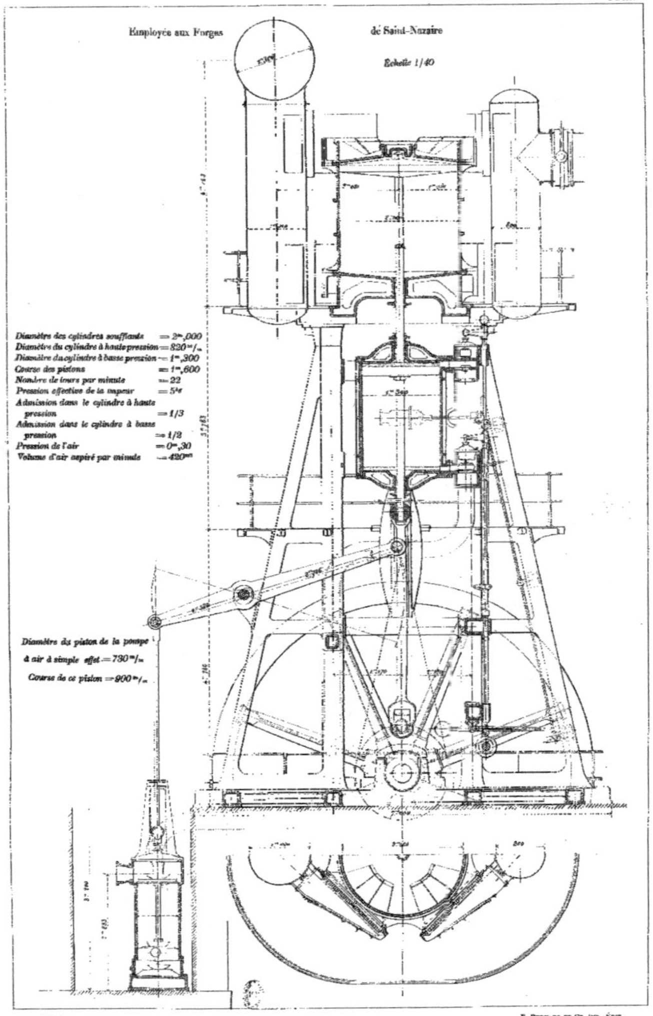

Employée aux Forges de Saint-Nazaire
Échelle 1/40
Diamètre des cylindres soufflants = 2m,000
Diamètre du cylindre à haute pression = 820 m/m
Diamètre du cylindre à basse pression = 1m,300
Course des pistons = 1m,600
Nombre de tours par minute = 22
Pression effective de la vapeur = 5k
Admission dans le cylindre à haute pression = 1/3
Admission dans le cylindre à basse pression = 1/2
Pression de l'air = 0m,30
Volume d'air aspiré par minute = 420m
Diamètre du piston de la pompe à air à simple effet = 730 m/m
Course de ce piston = 900 m/m

E. Deny

E. Bernard et Cie, Imp.-Édit.

MACHINE SOUFFLANTE COMPOUND DE LA SOCIÉTÉ DES ANCIENS ÉTABLISSEMENTS CAIL

Pl. XIII

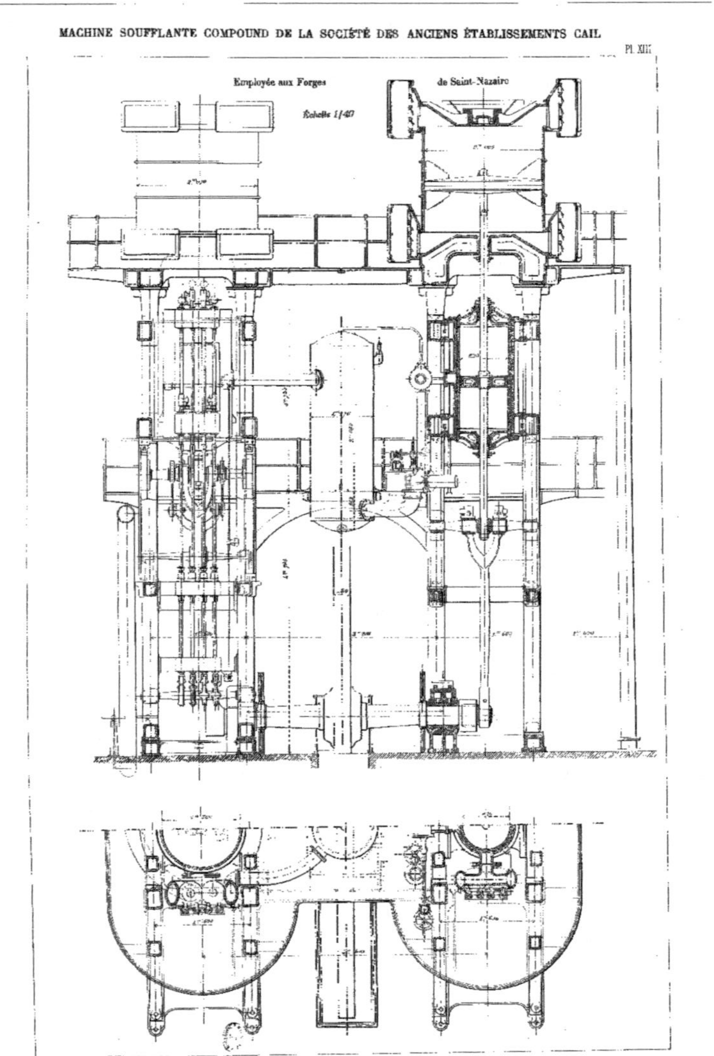

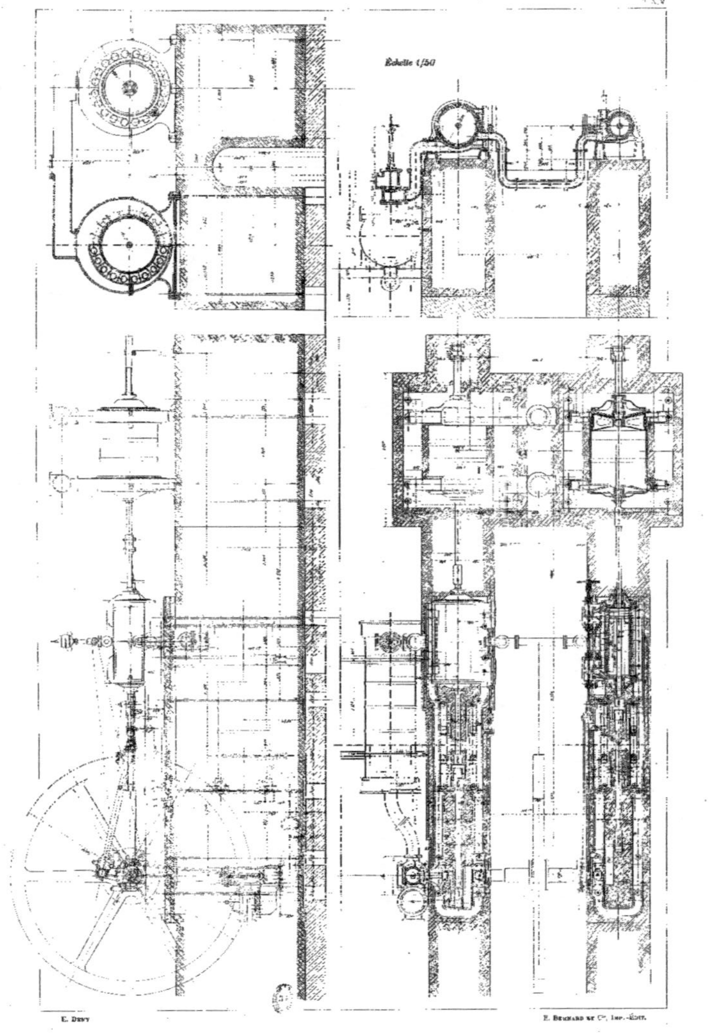

Échelle 1/50
Pl. XCV
E. Duvy
E. Bernard et Cie, Imp.-Édit.